El libro de los Ángeles
Camino de la iluminación

Alexandra Kitchen

El libro de los Ángeles
Camino de la iluminación

EDITORIAL ÉPOCA, S.A. DE C.V.
Emperadores No. 185
Col. Portales
C.P. 03300-México, D.F.

El libro de los Ángeles
Camino de la iluminación

Alexandra Kitchen

© Derechos reservados 2003
© Por Editorial Época, S.A. de C.V.
  Emperadores No. 185
  C.P. 03300-México, D.F.

  ISBN-970-627245-5

Impreso en México - *Printed in Mexico*

Una breve introducción

Cuando hablamos de Ángeles u oímos hablar de ellos, lo que nos viene a la mente es un ser con grandes alas y de mucha hermosura, los cuales están sólo para hacer el bien, tal vez para muchas personas, los Ángeles tienen una silueta diferente, pero ésta siempre suele estar relacionada con algo que nos permite tener ese contacto con Dios o con esa dimensión que generalmente no comprendemos.

Algunos suponen que cuando una persona buena, o un niño, muere, su alma deja su cuerpo y ésta se eleva a las alturas transformándose en un Ángel, el cual nos ayudará en la vida.

Sin embargo, la forma de ver a estos seres es variada, así como variadas son las religiones que existen; los escépticos catalogan a estos seres como creaciones de la literatura o fabricados por las mismas religiones para tener la esperanza de que existe algo superior.

También hay quienes aseguran que los Ángeles no son seres bondadosos y que no están para servir de conexión con Dios, sino que son extraterrestres que vienen a la Tierra con un determinado fin.

De lo único que podemos estar seguros es que los Ángeles existen en un plano superior y tienen una manera de vida diferente a la nuestra, por esto cualquier comentario que se haga respecto a ellos no dejará de ser una especulación basada en nuestras creencias religiosas.

Es difícil que el ser humano sienta la presencia de un Ángel en su vida o incluso en sus sueños, donde en ocasiones se presentan para ayudarnos con nuestros problemas, y esto sólo se debe a la educación pragmática y racional que el hombre moderno tiene, ya que ésta cierra la vía de percepción por la cual el Ángel se pone en contacto con nosotros.

Sabemos que los niños ven Ángeles con mayor frecuencia que un adulto, esto no significa que sea porque son más crédulos, más bien, es que no han tenido una educación con ideas que el ser humano busca conforme va *creciendo*.

En otro ámbito, la palabra Ángel significa *mensajero* y aplica a una categoría de espíritus celestiales, éstos son entidades luminosas al servicio de Dios, también son seres reales e individuales así como inteligentes y sensibles, son a la vez de antiguos, poderosos, sabios y desarrollados; es importante saber que ellos están cerca de nosotros y aunque no los veamos, siempre nos darán lo necesario para salir adelante y lograr nuestros objetivos siempre tomando en cuenta que éstos no afecten a los demás. Estamos seguros que queremos vivir en un mundo con armonía, paz y felicidad, pero no nos damos cuenta que estamos en él por pensar solamente en nosotros, cuando pensemos en los demás empezaremos a ser sensibles, lo cual nos llevará al contacto con los Ángeles y todas las bondades que éstos tienen para todos nosotros. Como cuando éramos niños.

Lo más hermoso que experimentamos en esa etapa era cuando se hablaba de Ángeles los cuales, se decía, siempre estaban con nosotros para cuidarnos, pero dejamos de pensar en ellos conforme crecimos y nos dedicamos a preocuparnos por lo intelectual y lo material.

Sin embargo, para recibir auxilio de los Ángeles debemos merecerlo por nuestras acciones y aún así, sólo lo recibiremos de los seres que estén en cercanía a nuestro nivel psíquico.

Por otro lado, los Ángeles han dado pruebas de su existencia mediante las intervenciones que tienen para solucionar los problemas de los seres humanos, desgraciadamente, tratamos de verlo de otra manera, un ejemplo es cómo el mundo invisible ha sido sustituido en algo visible por la humanidad. Esto tiene fundamento científico, pues las creencias y tradiciones respecto a duendes, espíritus, hadas y gnomos, vemos que son más aceptadas.

Por último, los Ángeles existen desde el principio de la creación; fueron creados por Dios para servir al bien, portadores de mensajes divinos, consejeros, protectores; pueden llevar también el castigo divino cuando el hombre se aparta del camino correcto, por tanto, podemos estar seguros que nosotros y todos los seres vivos disfrutamos de la protección de espíritus celestiales que están en estrecha relación con Dios, pero la acción de éstos y la explicación de sus actos es algo que está lejos de la comprensión del hombre.

Capítulo 1

¿Qué es un Ángel?

Los Ángeles forman parte de una corriente evolutiva diferente a la nuestra. Ellos, se dice, eran humanos en una encarnación previa en la Tierra y son ideales para la instrucción del hombre, los animales y los vegetales respecto a sus funciones vitales, propagación y nutrición.

Están dispuestos a ayudar a cualquier persona en todo momento, puesto que habitan en el mundo del pensamiento, se trasladan de un lugar a otro con mucha rapidez. De su corazón salen dos rayos de luz que traspasan su espalda; por lo que generalmente se cree que cuentan con alas.

Un estudioso en seres angelicales, dice que los Ángeles son seres de luz que evolucionan mediante el servicio que prestan. Esta es la razón principal por la que se apresuran a ayudarnos.

Estos seres rodean a la humanidad y están pendientes de que se les llame para ayudar a quien se encuentra en peligro. Algunos Ángeles tienen la consigna, hasta cierto punto, de cuidar específicamente, países, zonas geográficas o el planeta en su totalidad.

Lo primordial para los Ángeles es poder cambiar los intereses humanos, los cuales, siguen el camino del pensamiento centrado en el pragmatismo. Éstos intentan llevar a la humanidad hacia un pensamiento centrado en el amor, el cual se irá haciendo más natural y duradero.

Los Ángeles se comunican con nosotros a través de nuestros corazones y de la capacidad que empleemos para estar conectados en el plano espiritual, en el presente de cada instante de nuestra existencia, estos seres siempre están en la búsqueda de cómo poder entrar en nuestros pensamientos, adentrarse en nuestras conciencias y penetrar nuestros sueños, hacen uso de acontecimientos, utilizan personas y circunstancias que nos ayudan a salir adelante, hasta llegan a presentarse ante nosotros en forma humana, todo esto con el fin de ayudarnos.

Podemos pedirles su ayuda sin tener miedo a hacerlo con demasiada frecuencia, lo importante es pedirla con fe y seguros de que nos auxiliarán en todo, claro, si no existe un impedimento superior y si nuestras peticiones son positivas para nosotros y los demás sin que perjudiquen a nadie.

Tal vez pensemos que no es necesario pedir nada a los Ángeles, damos por sentado que ellos ya saben cuáles son nuestras necesidades y deseos, pero el pedir o llamar a los Ángeles es el primer paso que pone en marcha el mecanismo del universo, si no pedimos la ayuda directamente, tal vez ellos nunca se acerquen a nosotros, también podemos pedir a favor de cualquier otra persona, familiares, amigos o conocidos. Los Ángeles están dentro y fuera de nosotros, participan de nuestra naturaleza y de la de Dios; por desgracia, no nos damos cuenta de ello, pero la ayuda de los Ángeles durante nuestro camino por la vida, tiene por finalidad hacernos conscientes de que somos hijos de Dios.

Capítulo 2

El Ángel de la Guarda

Encontrar referencias concretas de los Ángeles custodios o de la Guarda, es difícil, pero se sabe que estos seres espirituales y divinos son los encargados de la protección de hombres y mujeres, también existe una tradición cristiana acerca de estos Ángeles la cual, se dice, son vistos como seres que protegen de la maldad al hombre y que dirigen sus pasos hacia el camino de la rectitud.

En la era medieval, los cristianos tenían la idea de que cada individuo nacía con un Ángel de la Guarda al cual se le asignaba permanecer a su lado, éste, constituye la voz de la conciencia. Por otro lado, los ocultistas de la Nueva Era, creen que es posible comunicarse con este ser ya que de él derivan poderes mágicos considerables, esta creencia ocultista proviene exclusivamente de un manuscrito que data del siglo XV llamado *La magia sagrada o el libro de Abramelín el mago*, el manuscrito describe una ceremonia en la que nos promete "conocer y conversar con el Ángel de la Guarda". Ciertamente, esta creencia está relacionada con el hecho de ofrecer protección a los recién nacidos, a los niños y a los seres humanos que tienen la pureza de la ingenuidad y que apenas se valen por sí mismos. Entre los cristianos ha cobrado una fuerza tremenda la tradición del Ángel de la Guarda, y es sólo por la necesidad que se tiene de recurrir, en momentos de duda, peligro o desánimo, a un ser espiritual y bondadoso.

Los niños y su Ángel de la Guarda

Sabemos bien que los niños cuentan con un Ángel de la Guarda y que éste permanece en contacto con Dios. Por tanto, se reafirma la idea de que los seres más desprotegidos, principalmente los niños, y todos aquéllos que sufren por las acciones de terceros y por último los que por ingenuidad o ausencia de malicia son desplazados y marginados por la sociedad, son quienes tienen la presencia de un Ángel protector.

Los adultos y su Ángel de la Guarda

Primeramente debemos recuperar la unión con nuestro espíritu protector, la cual se rompió por el mismo ritmo de vida que llevamos. Para que el espíritu protector nos cuide, debemos escucharnos a nosotros mismos y saber cómo nos encontramos, qué es lo que necesitamos en verdad, de qué manera nos gustaría ser, qué queremos hacer; en una palabra, autoanalizarnos para recuperar y permitir la entrada de la espiritualidad en nuestro ser.

Para lograrlo podemos; uno, observar a los niños, ver cómo encaran la vida y cómo están dispuestos a todo, ingenuos, sin prejuicios y con ganas de aprender.

Dos, llegando a casa, y antes de entrar dejar los problemas y las preocupaciones fuera.

Tres, queriéndonos a nosotros mismos, comprendiéndonos y perdonándonos nuestros errores.

¿Cómo es la protección del Ángel de la Guarda?

Ésta suele ser individual, actúa sobre la persona que tiene a su cuidado, aunque hay ocasiones en las que los Ángeles ejercen esa protección sobre una familia completa o incluso una comunidad. No importa si podemos percibir o no la acción de un Ángel; lo importante es gozar de la paz de espíritu ya que ésta es necesaria para atraer la ayuda de un Ángel.

Invocando la aparición
del Ángel de la Guarda

Se sabe que para que un Ángel actúe tienen que presentarse poderosas razones; desgraciadamente no podemos determinar en qué instante o bajo qué circunstancias acudirá en nuestra ayuda el espíritu protector, ya que no basta con que uno pida la intervención de un Ángel para que ésta se produzca de inmediato y nos resuelva el problema, sino que debemos tener confianza en que ellos saben en qué momento deberán aparecer ahí para ayudarnos y lo harán justo cuando los necesitemos.

Capítulo 3

Invocando a un Ángel

Cualquiera puede contactar a un Ángel, sólo basta hacerlo de la manera correcta, con seriedad y con fe. Hagamos pues contacto con nuestro Ángel personal, ese que tenemos cada uno de nosotros y que está en contacto directo con Dios.

Primero, debemos tener su luz y energía, esto es, sentirnos libres, felices; dándonos cuenta de que somos parte del todo. Segundo, debemos estar conscientes de que esta energía estará con nosotros siempre y con ella podremos despertar a los Ángeles que están a nuestro alrededor y Tercero, teniendo esta luz angelical, llegarán a nuestra vida acontecimientos sorprendentes que la harán mejorar.

Tomemos en cuenta los siguientes pasos que son esenciales para hacer contacto con nuestro Ángel protector:

Música

Ayuda mucho tener música de fondo para meditar, es necesario tenerla a un volumen suave y relajante, el cual nos ayudará a serenarnos y despertar nuestros sentidos. Esta música la podemos encontrar en cualquier lugar esotérico.

Lugar tranquilo

Es importante, para llegar a los Ángeles, estar en un lugar tranquilo para empezar el contacto. Un rincón o una habitación callada, sin teléfonos o ruidos que nos puedan distraer, es un buen lugar. Dejar fuera animales o relojes que nos saquen de concentración. Procurar que no entre nadie cuando llevemos acabo la invocación, podemos hacerlo muy temprano en la mañana o por la noche, así, será difícil que algún visitante que no esperamos llegue a nuestro hogar.

Comodidad

La ropa no debe ser ajustada ni mucho menos que estorbe para realizar cualquier movimiento. Podemos estar descalzos y con una bata de baño o para dormir. Es importante que en donde nos sentemos esté cómodo y no nos moleste en el transcurso de la invocación.

Posición de Loto

Es la posición ideal para iniciar el relajamiento y el contacto con nuestro Ángel, consiste en estar sentados con la espalda recta, las piernas cruzadas, las manos sobre las rodillas y con las palmas hacia arriba.

Relajación total y respiración

Se respira tres veces profundamente, tratando de relajarnos más y más cada vez, nuestro cuerpo no debe presentar tensión alguna, en nuestra mente debemos visualizar el problema en el cual queremos la ayuda y relajarnos aún más.

Observar en nuestra mente un Gran Sol

De este enorme Sol sale una luz blanca-dorada la cual nos cubre por completo, respiramos profundamente, intentando que la luz entre por nuestro cuerpo y de esta manera nos limpie y purifique. Respiremos profundamente varias veces más.

Pedimos que se presente el Ángel

Después de haber hecho lo anterior, pedimos que se haga presente el Ángel que nos pertenece, solicitando que nos diga su nombre y que se junte su energía con la nuestra. Debemos insistir mucho, pero, tranquilamente y siempre manteniéndonos listos para escuchar o ver cualquier forma de manifestación, ya que en ocasiones podremos ver letras o incluso nombres completos, y, más aún, escucharlos. Tal vez no recibamos nada las primeras veces, pero hay que tener paciencia y mucha fe, y las señales nos llegarán.

Repetir todo lo que se vea o se escuche

Cuando nos diga su nombre, hay que repetirlo en voz alta, porque la resonancia se eleva al Cosmos y baja con mayor fuerza. Las manifestaciones del Ángel pueden tardar en llegar, pero hay que tener la seguridad de que se presentarán.

Ahora, nuestra presencia angelical está establecida y será más sencillo contactarlos. Es importante que llevemos a cabo todos los pasos que se mencionaron anteriormente, además, hacerlo con mucha fe, pues es necesario que no fallemos en nada para tener éxito en nuestra invocación.

Capítulo 4

Los Ángeles y los muertos

Con los que recién han muerto, los Ángeles tienen mucho trabajo que hacer, la mayoría de estos necesitan sosiego, seguridad, fortaleza y enseñanza.

Dentro del mundo astral como del físico, hay quienes no están dispuestos a recibir consejos de quienes saben más que ellos; pero las circunstancias vencen su voluntad, quedando acortada la estancia de muchos muertos en el plano astral, gracias a los esfuerzos que los Ángeles hacen por que éstos pasen pronto al mundo celestial.

Tomemos en cuenta, por otro lado, que los Ángeles no pueden interferir en el destino de un muerto, ya que éste se formó en vida, y tiene un cierto grado de densidad, así, hasta que el cuerpo físico se desintegre, no será posible pasar al mundo celestial; por eso es preciso que la actitud negativa que tienen algunos muertos, cambie para que no se alargue la duración de este proceso.

La vida astral de un hombre depende de dos condiciones: finiquitar su vida terrenal y su disposición de ánimo después de la muerte.

Si en vida tuvo vicios, construirá un vehículo astral que responderá sólo a las vibraciones bajas del plano, y estará, por mucho tiempo, en un lento proceso de desintegración de su cuerpo. Pero si en vida fue honesto y cuidadoso, el vehículo se formará de materia delicada, hallando después de la muerte menos tentación y desconsuelo, siendo su evolución más rápida.

Son demasiados los muertos que retardan el proceso de desintegración y esto es por su añoranza a lo que dejaron en el mundo. No tienen su pensamiento en lo divino, sino que se mantienen en contacto con el plano físico, ocasionando así perturbaciones en los Ángeles que tratan de ayudarlos. Pasa el tiempo y éstos encuentran dificultades para mantener el deseo en las cosas del mundo pero en lugar de tomar y fomentar el gradual refinamiento y espiritualización, lo resisten por cualquier medio.

La fuerza de evolución es muy potente para ellos, pero aún así, siguen luchando en cada etapa del camino, provocando penas y tristezas, aunado al deplorable retraso que llevan en la senda de su perfeccionamiento.

Los Ángeles hacen su trabajo tratando de convencerlos de que su necia actitud y oposición a la voluntad de Dios, es opuesta a las leyes de la naturaleza, y los persuaden para que tomen una actitud mental inversa a la que tienen.

En ocasiones la voluntad de los muertos está ligada al mundo por medio de la ansiedad que dejan los deberes o las deudas que no se cumplieron. Por esto es necesario que el Ángel, para poder continuar ayudando al muerto en su camino, deje que se cumplan, en el plano físico, las cosas que se dejaron incompletas, satisfaciendo así su preocupación.

Otra situación frecuente en el plano astral, es de quienes no se dan cuenta que han muerto. Creen que el estar conscientes, es prueba irrefutable de que no han traspasado el umbral de la muerte. Gran parte de estas personas al morir demuestran, con esta actitud, que eran materialistas y no tienen humildad en su actitud como otras que rechazaron los placeres mundanos.

Por tanto, la tarea principal que tienen los Ángeles con los recién fallecidos, es la de consolarlos y liberarlos del terrible temor que los invade, y que les causa sufrimientos y retardo en su progreso a más elevados lugares. También los ayudan a comprender el porvenir que les espera, y les dan explicaciones y avisos referentes a las diferentes etapas del camino que deberán recorrer. Los Ángeles pueden avisarles incluso de un peligro, éste puede ser, un retraso hacia el plano celestial por esperar comunicación con los vivos mediante un médium.

En conclusión, son muy raras las ocasiones en que los Ángeles pueden llevar a los muertos a una más alta y mejor vida sin ningún contratiempo.

Estas enseñanzas no son inútiles del todo para las personas, aunque su memoria no conserva en su encarnación después de la muerte siempre quedará el conocimiento, como una predisposición a aceptar las situaciones que se les presentan cuando se encuentran en la vida nueva.

Capítulo 5

Los Ángeles
y su jerarquía al lado de Dios

Basándose en las enseñanzas de los judíos, en el *Libro de Enoch* y en textos cristianos, se escribió la jerarquía celestial siendo ésta la base de la concepción aceptada por la burocracia angelical en la actualidad.

Ésta se compone de:

Serafines,
Querubines,
Tronos,
Dominaciones,
Virtudes,
Potestades,
Principados,
Arcángeles y
Ángeles

Esta jerarquía está dividida en tres triadas:

La primera triada la integran los Serafines, los Querubines y los Tronos, y es la que está más cerca de Dios, son los seres alados más puros de entre todos los espíritus del bien, acompañan al Creador y lo ensalzan en todo momento.

La segunda triada se compone de las Dominaciones, las Virtudes y las Potestades, ésta se encuentra entre el Cielo y la Tierra.

Y la tercera triada la forman los Principados, los Arcángeles y los Ángeles, y es la que está más cerca del hombre. Sus integrantes tienen dos funciones, cuidar del hombre individualmente y de la sociedad en su conjunto, esto es, se encargan de proteger a los hombres y a las naciones enteras.

Conozcamos a cada uno de estos personajes:

Serafines

Su principal deber es girar alrededor del trono de Dios cantando una oración en hebreo llamada *Cádiz,* con la que alaban al Santo Señor.

A los Serafines los describen como luz y pensamientos puros, y los profetas que llegaron a verlos en visiones, mencionan que aparecen como Ángeles arrojando llamas.

Querubines

Se encargan de guardar el camino hacia el Árbol de la Vida que se encuentra al Este del Jardín del Edén. Se les concibe como el Conocimiento. El profeta Ezequiel, vio a cuatro de ellos y menciona que cada uno tenía cuatro caras y cuatro alas, posteriormente algunos pintores los dibujan como infantes o niños.

Tronos

Conocidos como *Ophanim* o Ruedas, por ser el medio de transporte de Dios. En las visiones que tuvo Ezequiel, los Querubines empujaban unas ruedas las cuales tenían ojos y alas. Enoch decía que estos seres parecían carbones encendidos.

Dominaciones

Encargados de organizar a los demás seres celestiales, así como los deberes que deben llevar a cabo cada uno de ellos.

Virtudes

Tienen el deber de hacer los milagros y tareas; auxilian a la humanidad. Se sabe que dos Virtudes acompañaron a Cristo al Cielo, y ayudaron a Eva cuando nació Caín. Tienen la facultad de dar bendiciones con la gracia de Dios.

Potestades

Éstas se encargan de proteger los Cielos de los demonios. Las personas piensan que ellas vigilan nuestras almas cuando luchamos entre el bien y el mal. Si un alma se pierde cuando abandona el cuerpo, las Potestades tienen la enmienda de guiarla. Por su batalla constante contra el mal, estos seres, han perdido a muchos de ellos frente a Lucifer.

Principados

Protegen y cuidan a las religiones, las naciones y a las ciudades de todo el mundo.

Arcángeles

Son los mensajeros más importantes entre Dios y el hombre. Cada uno de ellos tiene un nombre así como una función específica, y son descritos a menudo con características muy humanas, éstos son:

> Miguel (Fe)
> Gabriel (Esperanza)
> Chamuel (Caridad)
> Jofiel (Constancia)
> Rafael (Curación)
> Uriel (Gracia)
> Zadquiel (Libertad)

Ángeles

Son los que se encuentran más cerca del hombre, siempre al pendiente para auxiliarlos, entre ellos encontramos al Ángel de la Guarda.

Capítulo 6

Los siete Arcángeles
más importantes

Estos siete Arcángeles están rodeando el trono de Dios, cada uno sostiene una lámpara de fuego encendida eternamente, en un principio eran ocho los que componían la guardia celestial pero uno de ellos fue infiel quedando sólo siete, los más importantes. Sus nombres son poco conocidos y sabemos de sus visitas al mundo a través de la Biblia, por ella también sabemos sus nombres.

Arcángel Miguel

La Biblia lo llama el Príncipe Miguel y es el más conocido de todos. En hebreo su nombre significa "¿quién como Dios?", es guardián de la fe y protector contra el mal.

Se representa con alas, de pie, erguido, ya sea en la tierra o en el aire, a menudo con un casco y una armadura. La lanza, la espada de fuego y el escudo son sus armas, es frecuente que aparezca en su mano la cabeza cortada de un dragón, símbolo de lucha y de victoria sobre el mal.

Tiene una actitud de fe y confianza en Dios espléndidas, responde a las necesidades de las personas que sufren y le invocan, luchador incansable contra las fuerzas del mal, vence a Lucifer.

Están bajo su responsabilidad las almas de los difuntos y él es quien las guiará hacia el día del Juicio Final. Es a quien debemos acudir cuando nos encontremos desesperados o sin esperanza.

Arcángel Gabriel

Después de Miguel, el Arcángel Gabriel gobierna el Primer Cielo, el más próximo a nuestro mundo. Gabriel, nombre que significa Varón de Dios, es mensajero y portavoz del Señor. El evangelio de San Lucas lo menciona en dos pasajes y por esta razón se le conoce como el Mensajero Divino, el que trae grandes nuevas, fue él quien informó a Zacarías del nacimiento de su hijo Juan, el Bautista, Gabriel también anunció a María que sería la madre del Hijo de Dios.

Su emblema es el lirio y significa concepción, se dice que instruye a las almas durante los nueve meses que pasan en el útero, preparándolas para su llegada al mundo.

El Arcángel Gabriel también se presentó ante el profeta Daniel en varias ocasiones, una vez cuando le anunció la llegada del Mesías y otra cuando lo salvó de los leones.

Arcángel Chamuel

Arcángel de amor, adoración y devoción a Dios. Él y su complemento Caridad están dedicados al desarrollo de la gratitud y adoración a su Dios, es un ser de luz que ha enseñado durante muchos eones a las huestes angelicales la forma de dar alabanzas a Dios.

Chamuel ocupa un templo glorioso en los Cielos, ahí arde la llama de la adoración a Dios y sus mensajeros, ésta es dirigida hacia los seres que aún no han ascendido al plano celestial para animarlos al desarrollo de su propio Plan Divino, la llama es llevada también hacia los humanos por el propio Chamuel.

Arcángel Jofiel

Este Arcángel se encarga de la diaria provisión que necesitamos para encontrar la paz y la tranquilidad, se debe hacer el llamado al Arcángel Jofiel siempre que se necesite, además nos muestra que cualquier cosa que esté pasando en este mismo instante, ya pasó, y también volverá a pasar; en sí lo que nos enseña, es que todo debe ser un aprendizaje constante; que todos nosotros recorremos un mismo camino y también vamos hacia la misma meta: la Ascensión. Todo esto es enseñanza y se seguirá repitiendo para que el hombre comprenda el Plan Divino y sepa cuál es su función para poder llevar a cabo los designios de Dios.

También nos enseña a tomar en cuenta que todo lo que se nos hace fácil, no es necesariamente el camino por cual debemos irnos, esto es como una prueba para ver nuestra manera de reaccionar frente a las situaciones que pueden llevarnos por lugares equivocados.

Si nos encontráramos ante esta situación, es conveniente llamar al Arcángel Jofiel, para que él nos envuelva con su protección y nos indique lo que debemos hacer.

Arcángel Rafael

Medicina de Dios o Dios ha curado, es lo que significa su nombre, se presenta a los hombres con apariencia humana y honorable aspecto. Se dice que es el protector del viajero que enfrenta los peligros o un trance difícil.

Se le invoca ante la enfermedad y tiene una doble vocación la de curación y la de protección del caminante, algunos le atribuyen poderes de protección en la infancia y lo relacionan con las acciones buenas de los Ángeles de la Guarda, sobre todo en curaciones de niños.

Rafael rige el Segundo Cielo y comparte el gobierno con el jefe del orden de las Virtudes Angelicales.

Se le representa llevando en la mano un pez, el que se menciona en la historia de Tobías, y un frasco con medicamentos.

Se piensa que Rafael es el Ángel del Sol de los antiguos esenios, que daba al cuerpo el fuego de la vida. Como Ángel de la ciencia y del saber también tiene la misión de guardar el Árbol de la Vida en el Edén.

Arcángel Uriel

Él mismo afirma que un solo pensamiento hacia Dios y aún pronunciar su nombre sería como invocarlo a él.

Está dentro de la más alta categoría de los arcángeles, es como uno de los cuatro ángeles de la presencia, Uriel confronta a las almas de los pecadores, censurándoles sus acciones. Se le conoce como el Ángel del Arrepentimiento y su nombre significa Fuego de Dios. Se representa con la mano abierta sosteniendo una llama.

También es quien estuvo en las puertas del Edén empuñando una espada de fuego cuando se expulsó del paraíso a Adán y Eva, parece ser que preside el terror y el trueno.

Uriel posee un aspecto más amable, como Ángel de la música, también fue enviado por Dios para advertir a Noé del diluvio y entregó la Cábala a los judíos. Es el que interpreta las profecías.

Arcángel Zadquiel

También conocido como el Arcángel de la Invocación y Transmutación. Esto por dar a todas las vidas libertad infinita.

Si se le pide sinceramente su ayuda, junto con sus huestes angelicales puede liberar de enfermedades, estrés, temor y limitaciones.

Capítulo 7

Cuando los Ángeles
se materializan

Aquí trataremos tres variedades de materialización:

Materialización tangible, pero que no es visible a los ojos humanos: así llamada por la forma que tienen para manifestarse, porque aunque no los veamos, a menudo nos toman por el brazo, o nos acarician, también pueden golpear las mesas y cambiar de lugar las cosas.

Materialización visible, pero que no es tangible: son formas espirituales o fantasmas que el hombre puede atravesar con la mano sin tocarlas. Esta variedad es evidentemente de vapor y no se puede palpar, en algunas ocasiones adquiere formas tan normales que incluso nos hace dudar de que tengan una consistencia sólida, hasta el momento en que tratamos de tocarla y no logramos sentir nada.

Materialización perfecta: ésta es visible y tangible, y no sólo se aparece corporal y físicamente, sino que nos habla y nos toca como si se tratara de una persona como nosotros.

Tenemos evidencias de que la materialización ocurre bajo determinadas circunstancias, pero sólo en el caso de la tercera variedad, ésta también puede presentarse junto con las dos primeras. Con el Ángel Protector, la materialización perfecta no ocurre, y tendremos cuidado de no gastar fuerzas innecesarias para lograr un resultado preciso que nos permita poderlo ver.

Cuando ocurre una materialización ha de condensarse la materia necesaria para ello. En una sesión espiritista se adquiere esta materia actuando sobre el médium, esto es sobre su cuerpo físico.

En las sesiones espiritistas se usa este método porque cuando algún médium se somete a esta acción, es el modo de materialización más sencillo, resultando que por la relación tan estrecha entre el médium y el cuerpo materializado, ocurren con claridad ciertos fenómenos, los cuales llamamos de *repercusión*. Ejemplificando, si las manos del cuerpo materializado se llenan de barro, también resultarán con barro las manos del médium, aun cuando éste haya estado en otra habitación durante toda la sesión. Si el cuerpo materializado recibe un golpe o incluso una herida, éstas también repercuten en el espiritista, y en ocasiones, cuando el cuerpo materializado participa de algún manjar, se encuentran residuos de éste en el estómago del médium.

No hay duda de la existencia que el poder de la voluntad ejerce sobre la materia en todos los planos hasta el punto en que ese poder es suficientemente grande y produce cualquier resultado deseado por su acción directa, sin conocimiento o idea alguna de quien lo ejerza, ni de cómo se realiza esta obra.

Capítulo 8

Demonios, Ángeles malos

Para los cristianos, todos los Ángeles eran puros y buenos, solamente que Dios quiso ponerlos a prueba, unos salieron triunfantes pero otros desafiaron y se resistieron a los designios de Dios, condenándolos por ello a seguir el camino de la oscuridad hasta el fin de los días y al sufrimiento del infierno, convirtiéndose de esta manera en demonios.

Estos demonios o Ángeles caídos también llamados espíritus del mal y las penumbras, obedecen a un ser superior, el Diablo, conocido como Satán, Lucifer y Belcebú, él es quien guía y manda a todos sus seguidores para hacer el mal a la humanidad.

Podremos preguntarnos cómo es que si éstos perdieron la gracia de Dios, por qué no perdieron sus poderes también, y es que en realidad conservan buena parte de sus dones y poderes concedidos a todos ellos, precisamente el motivo por el cual aún tienen esos poderes es para distinguirse como superiores a los seres humanos.

Los Ángeles caídos o demonios, además de enfrentarse a los Ángeles buenos, tienen una labor en la Tierra y ésta consiste en tentar al hombre con engaños para conducirlo por el camino del mal. Son capaces de provocar trastornos en las facultades mentales humanas provocándoles una obsesión por la posesión de bienes materiales, pues estos demonios tienen poder sobre lo material, esto les permite realizar grandes prodigios, por ejemplo, nublar la visión espiritual del hombre encarnando la maldad en su interior y llevándolo a obedecer sus más bajas pasiones.

La existencia de los demonios es inevitable, porque de otro modo no comprenderíamos que un mundo creado por Dios sea capaz de generar ocasiones y sucesos negativos. Estos demonios se enfrentan y lo seguirán haciendo a la corte celestial y también son los guardianes del infierno así como guías mentirosos en el momento de la muerte.

Capítulo 9

Historias de Ángeles

Los tulipanes

Dos amigas de toda la vida, Carolina y Mariana, habían sido compañeras de colegio desde la infancia, su amistad era tan grande que prometieron jamás separarse, tuvieran los problemas que fueran, nunca dejarían su amistad por nada. Desde muy pequeñas aprendieron el cultivo de las flores; especialmente el de los tulipanes, ya que éstos eran sus preferidos de entre todos los géneros, esto las mantenía más unidas ya que a las dos les gustaba mucho hacerlo. Se ayudaban mutuamente dándose consejos y platicando, sobre todo, cuando algún problema las aquejaba.

La Universidad la estudiaron juntas, lejos de su ciudad natal, donde sus padres les pagaban un departamento mientras terminaban la carrera de arquitecto.

Cuando Mariana conoció a Rodrigo, un muchacho bueno y noble del cual se enamoró, Carolina tuvo que comprender que las cosas entre ellas cambiarían, ya no salía con su amiga como antes, pues ahora ésta le tenía que dedicar más tiempo a su novio.

Llegó el día en que se graduaron de arquitectos y fue ahí donde Mariana presentó a toda su familia a su novio, diciéndoles lo mucho que lo amaba, Carolina no pudo evitar sentir celos pero pronto los superó pensando que algún día ella también conocería al hombre de sus sueños, mientras tanto se conformaría con ver feliz a su amiga.

Algunos días después Carolina encontró trabajo en una compañía de arquitectos e ingenieros muy importante y quiso que su amiga también trabajara con ella pero ésta prefirío pasar más tiempo con su familia y buscar trabajo más adelante. De esta manera empezaron a separarse, pues mientras una le dedicaba tiempo a su familia y novio, la otra estaba inmersa en su trabajo, aunque de vez en cuando se llamaban por teléfono.

Llegó el día, Mariana le avisó a Carolina que se casaría con Rodrigo, su novio, y que estaba feliz, Carolina se alegró mucho también y le pidió ser su dama

de honor, así como también le dijo que deberían ador-
nar todo con tulipanes, ya que éstos representaban una
etapa muy bonita de su vida, infantil.

La boda llegó y Mariana se veía feliz, ese día
Carolina conoció a Eduardo, socio de Rodrigo, y desde ese momento empezaron a salir juntos hasta que se
hicieron novios, pasados unos cuantos meses tomaron
la desición de casarse.

Mariana fue ahora quien le pidió a su amiga
Carolina que la dejara arreglar su boda y adornarla también con tulipanes.

Los años transcurrieron felices, pero no falta-
ron los problemas y éstos los tuvieron Rodrigo y Eduardo al grado de separar sus sociedades en el negocio
así como su vida de amigos, por consiguiente Carolina
y Mariana, con todo el dolor de su corazón, tuvieron
cada una que estar de parte de su esposo haciendo la
separación también entre ellas al grado de ya ni siquiera
hablarse por teléfono.

Así pasaron los años, hasta que un día Mariana
se encontró a la mamá de Carolina y saludándola le
preguntó por ésta, al instante la señora soltó el llanto
y le dijo que su hija tenía pocos días de haber muerto,

Mariana sintió que se derrumbaba, la noticia le impactó y sintió mucho no haberle podido decir a Carolina lo mucho que la amaba a pesar del problema que existía entre sus esposos.

Estaba muy triste, y así pasó varios días, sintiéndose culpable por no haber estado con su amiga, porque no pudo decirle cuánto la necesitaba y extrañaba. Aún con todo le pidió a Dios su ayuda sabiendo que ya era tarde.

Un día, en el jardín de su casa y con estos mismos pensamientos, escuchó una voz que le decía: —Dile a Carolina lo mucho que la amas—. Mariana no vio a nadie y pensó que había sido su imaginación, pero aún así expresó sus pensamientos en voz alta.

A la mañana siguiente Mariana se sorprendió mucho, pues en su jardín aparecieron unos hermosos tulipanes, emocionada le contó a su esposo lo sucedido la noche anterior y soltó el llanto incontrolable.

Juntos fueron a buscar a Eduardo para contarle lo que había pasado, en ese momento decidieron reanudar los tres su amistad, pasaron al jardín donde su asombro fue mayor al ver que todo estaba repleto de tulipanes, los tres pensaron que el Ángel de Carolina estaba con ellos.

La voz

Las tardes lluviosas eran las preferidas de Adriana, oír las gotas caer, ver los relámpagos en el cielo cuando era ya de noche, y el aroma de la tierra mojada le gustaban mucho desde que era niña.

Ella y su esposo Bernardo tenían una hermosa casa al final de la calle la cual era muy empinada, Adriana contaba con nueve meses de embarazo y éste transcurría sin problemas, precisamente en esa semana nacería su primer bebé.

Bernardo tuvo que ausentarse de la oficina durante esa semana, precisamente para no dejar sola a su esposa y el trabajo se lo llevaba a casa para no descuidarlo, mientras, en su lugar, se quedaba su compañero para cualquier problema que pudiera surgir.

Un día, de esa semana, caía una enorme tormenta la cual parecía interminable e inundaba la calle de tal forma que parecía que se había desbordado un río. Bernardo subió a la recámara para ver cómo estaba Adriana, pues el ruido de un relámpago lo sobresaltó mucho, al ver a su esposa sentada cerca de la ventana admirando la lluvia y después de preguntarle cómo se encontraba y ella al responderle que bien, bajó hacia su estudio para seguir con su trabajo.

En la recámara, Adriana seguía admirando la lluvia, cuando de pronto vio un automóvil bajar por esa calle inclinada con bastante dificultad por la fuerte corriente de agua, la cual descendía rápidamente, en ese momento se percató de que el auto se detenía justo enfrente de su casa y que de él descendían dos personas quienes se disponían a tocar su puerta, al instante Adriana bajó las escaleras y abrió casi antes de que tocaran el timbre, eran dos jovencitas que, empapadas por la lluvia, pidieron a Adriana si podrían usar su teléfono, al acto Adriana respondió que sí y les permitió la entrada.

Bernardo, al escuchar voces, salió a ver qué pasaba y percatándose del estado de las muchachas les ofreció unas toallas y Adriana les preparó unas tazas de café, mientras que una de ellas se comunicaba por teléfono con sus padres, la otra platicaba con la pareja.

Les preocupaba el saber si tenían algún problema con el auto, pero sólo era que la lluvia estaba tan intensa que no les permitía seguir manejando por no poder siquiera ver hacia dónde iban, además, como eran recien llegadas el barrio, no conocían muy bien el lugar y decidieron mejor esperar a que pasara la lluvia.

La otra chica del teléfono dijo que había hablado con su padre y que pasaría por ellas, preguntando si habría inconveniente en esperarlo ahí, Adriana respondió que no habría ningún problema, pero la curiosidad de ésta era fuerte y por fin preguntó por qué llegaron precisamente a su casa.

Las chicas se pusieron nerviosas y sonrieron, contestando solamente que acostumbraban dar paseos por las tardes a fin de conocer más rápidamente el lugar, pero que en esta ocasión la lluvia las hizo tomar una calle equivocada y el miedo que tenían por verse perdidas las obligó a pedir ayuda

Sonó el teléfono y Bernardo fue a contestar, mencionando que tal vez sería su compañero de trabajo pues quedó de llamarle en caso de tener problemas en la oficina.

Las chicas volvieron a ponerse nerviosas esta vez Adriana notó la situación y nuevamente preguntó si tenían algún problema.

La mayor de las chicas contestó que cuando bajaban por la calle había oído una voz y ésta le dijo que se detuviera frente a su casa y tocara en ella. Al ver que Adriana ponía cara de desconcierto, le dijo que no pensara que estaban locas, pero en realidad no sabían de dónde había salido esa voz, sólo sintieron el deseo ferviente de hacerle caso.

Adriana pensó en un primer momento que las chicas estaban jugándole una broma, pero cuando vio a su esposo que regresaba con el rostro descompuesto, sintió que algo estaba pasando.

Bernardo les dijo que ciertamente había sido su compañero de trabajo y que le llamó para darle las gracias por haber ayudado a sus hijas.

Todos comprendieron en ese momento que la voz que habían oído las muchachas no habría sido otra más que la de un Ángel que había guiado a las chicas a la casa del único amigo que tenía en esa ciudad su padre.

Las huellas

Carlota tenía ochenta años de edad y vivía en una casa a las afueras de la ciudad, había quedado viuda y su única compañía era Lety, su ama de llaves.

Tenía una enfermedad en los ojos la cual le había hecho perder setenta por ciento de la vista, esto era motivo para que cada vez que sus hijos la visitaban le insistieran en que vendiera la casa y se fuera a vivir con alguno de ellos, ya que Carlota contaba con nueve hijos, podía escoger con cuál irse, pero la nostalgia le impedía hacer eso ya que en esa casa habían nacido y crecido todos sus hijos, además de haber pasado los años más felices de su vida al lado de su esposo, por otro lado, estaba tan acostumbrada al lugar que le sería difícil adaptarse a otro.

Carlota sentía, además, la seguridad de contar con Lety hasta el último día de su vida ya que le había prometido permanecer a su lado en manera de gratitud por haberla acogido en su hogar desde hacía ya tantos años, porque más que un ama de llaves era como una hermana para Carlota.

Un día de otoño, cuando el clima comienza a enfriar, Lety, como siempre al pendiente de todo, salió a comprar algo de alimentos y unas cobijas para el invierno que se acercaba, Carlota desde el portal le pidió que fuera a casa de uno de sus hijos a recoger unas fotografías que quedó de enviarle, cuando se quedó sola se dirigió al jardín, el cual conocía a la perfección y además le agradaba estar en él, pues le recordaba momentos felices al lado de su esposo, y aunque su vista apenas le permitía ver medio metro delante de ella sabía dónde estaba cada árbol, cada arbusto, cada follaje de aquel hermoso jardín, se quedó ahí por largo tiempo sumida en sus recuerdos, pero el frío de la nieve que ya había caído y enfriado sus pies la hizo reaccionar, y dirigiéndose hacia donde ella creía estaba su casa caminó hasta topar con un árbol, para ella desconocido, dándose cuenta que la dirección que había tomado no era la correcta y en lugar de dirigirse a su casa se había adentrado en el bosque.

Después de dar pasos sin ton ni son empezó a sentirse asustada y perdida sin más salida que la de pedir ayuda a Dios.

Con el frío quemándole los huesos y los brazos estirados para no golpearse con los árboles, siguió caminando y pidiendo la ayuda de Dios.

De pronto sintió cómo la tocaban por el hombro y al darse vuelta vio a un hombre joven el cual le preguntó que si se había perdido y si quería su ayuda para regresar a su casa.

Carlota agradeció la ayuda del joven y le permitió que la condujera a la casa, en el camino ésta sentía cómo sus pies se hundían en la nieve a cada paso que daba, pues ya había caído demasiado, mientras tanto le iba platicando la enfermedad que tenía en sus ojos y el problema por el cual atravesaba por estar sola, cuando llegaron a su casa invitó al joven a pasar para tomar una taza de café en agradecimiento a su ayuda, pero cuando se dio cuenta el joven ya no estaba, en eso encontró a Lety que la buscaba desesperada.

Primeramente trató de tranquilizar a Lety, ya que ésta se había asustado por no encontrarla cuando regresó, Carlota le contó que había salido al jardín y se extravió pero que un joven muy atento y amable la trajo a casa y cuando quiso agradecerle ya no estaba, se había ido sin siquiera decirle su nombre.

Para Lety fue una impresión muy grande, pues sabía que Carlota no podía haber regresado sola del bosque y en la nieve sólo se encontraban las huellas de ella dirigiéndose hasta la puerta de la casa, desde ese momento las dos viven tranquilas, seguras de que el Ángel que ayudó a Carlota a regresar estaba siempre cerca de ellas.

Capítulo 10

Qué son las Hadas
y quiénes los Adeptos

Hadas

Hablaremos ahora de otro reino en la naturaleza y éste es donde se encuentran las hadas, estos seres forman parte de la tradición popular que se ha dedicado a conservar su existencia la cual la ciencia desconoce. Se les llama de muchas maneras: ninfas, gnomos, elfos, duendes, silfos, ondinas, huestes, etc., tienen un cuerpo astral o etéreo, dicho de otro modo, sólo son visibles para el hombre en ciertas circunstancias las cuales tienen que ser muy especiales.

Evitan vivir en vecindad ya que les desagradan las manifestaciones pasionales y de deseo, por tanto, habitan en sitios solitarios como en las montañas y campos, y, generalmente, son vistas por pastores y montañeses, lejos de las personas. En ocasiones se unen a un ser humano, dándole sus servicios.

Adeptos

Una ayuda parecida prestan los grandes Adeptos, maestros de sabiduría, hombres como nosotros pero que están tan evolucionados, que pueden considerarse como dioses, por sus poderes, su inteligencia y su compasión.

Estos maestros de sabiduría se dedican a ayudar a la evolución, pueden intervenir en los acontecimientos humanos en muy pocas ocasiones, ya que tienen cosas mayores por realizar. La persona que no está bien capacitada cree que los Adeptos deben auxiliar al pobre ser humano, pero sólo una persona en esa condición se atreve a decir lo que debe hacer un ser mucho más sabio y grande que él.

Mas bien el hombre sensato, hará lo que los Adeptos ordenen, pues desobedecerlos sería tonto. La misión que ellos tienen la cumplirán en los planos superiores, y así lo hacen notar a los hombres, brillando sobre ellos como fresco rocío, llevándolos hacia delante; la obra que ellos realizan es mucho más que curar, cuidar o alimentar a los seres humanos aunque también lo pueden hacer. Por tanto, el utilizarlos sobre el plano físico, sería como desperdiciar una fuerza muy poderosa.

Hay dos clases de Adeptos:

La primera la forman los muertos, a quienes imaginamos lejanos, pero esto es sólo una ilusión porque realmente están cerca de nosotros y aunque no puedan ver nuestro cuerpo físicamente, sí pueden ver el astral, conocen nuestros sentimientos y emociones. Saben cuándo necesitamos ayuda y tratan de facilitárnosla.

Hay muchos Adeptos que pueden intervenir en nuestros asuntos, pero no es muy común, ya que el muerto se concentra en sí mismo y pasa rápidamente por lo que toca al mundo terrenal. También hay casos en que los muertos intervienen en problemas de los humanos, los cuales creen que es resultado de sugestión mental por no saber de dónde venía esa ayuda. No es necesario para el muerto solicitar la aprobación de aquel a quien ha de mostrarse. Imposible es para ellos presentarse cuando el hombre quiere, pero sí son capaces de hacerlo y no sabemos cuándo tendremos la oportunidad de verlos.

La segunda la forman aquéllos que tienen la capacidad de actuar conscientemente en el plano astral mientras están vivos o mientras están en su cuerpo físico.

Nosotros estamos atrapados en la oscura niebla terrestre, ciegos, sin que nos pueda llegar la luz y la gloria, la cual, resplandece en nuestro entorno; quizá seamos los muertos, aunque estemos vivos físicamente; y no precisamente los que han dejado la carne, los cuales permanecen entre nosotros radiantes, fuertes, libres y más capaces que todos juntos.

Quienes han logrado usar su cuerpo astral en el mundo físico, son discípulos de estos grandes Adeptos, aunque no pueden hacer la tarea que los maestros llevan a cabo, sí logran hacerlo en planos inferiores obedeciendo todo aquello que les indiquen por medio del pensamiento, así como, al ver a cualquier humano en desgracia tratarán de ayudarlo y reconfortarlo para aliviar en algo su sufrimiento, además de que esto lo harán con gusto. También pueden darle ayuda tanto a un ser vivo como a uno que ya no lo está, esto bajo algunas condiciones, cuando este poder e instrucciones se le confieren a un hombre, lo cual se hace ocasionalmente, éste nunca los deberá utilizar de manera egoísta, por curiosidad, para averiguar acerca de negocios ajenos, o para hacer experimentos en sesiones espiritistas, solamente podrá enviar mensajes a algún muerto, pero esto no significa que pueda dar mensajes de un muerto a un vivo sin las direcciones de un maestro.

Las personas piensan que la ayuda de este tipo es algo malo, por temor a que se produzca algo negativo en el momento de la conexión, sabemos pues que el hombre siempre está dispuesto a ayudar a su semejantes aunque no pueda hacer mucho, pues no tenemos escrito en nuestro destino el que recibamos ayuda, pero el hecho de sentir ese deseo nos traerá un bien, en sentido de satisfacción, y eso es lo más importante.

Capítulo 11

Salir del cuerpo físico
y entrar al astral

El hombre deja su cuerpo físico en sus sueños, manteniéndose en completo reposo; pero su alma no requiere de descanso pues al cansancio sólo lo siente el cuerpo físico, un ejemplo equivocado es cuando decimos que tenemos la mente cansada, esto es un error, pues la mente no se cansa, lo que se cansa es nuestro cerebro como materia que es.

Mientras el hombre duerme, éste sólo usa su cuerpo astral, pues el físico lo mantiene en reposo, si analizamos el sueño de un salvaje, veríamos que tanto su cuerpo físico como el astral, mantienen casi el mismo reposo.

En cambio, el sueño de un hombre más civilizado, es enormemente diferente, su cuerpo astral estaría consciente y activo.

Haciendo esta comparación entre un ser salvaje y una persona civilizada, el salvaje *no tiene la capacidad para ver* en el plano astral; por otro lado, la persona civilizada tiene una capacidad de pensamiento muy superior pero *no le permite ver,* aunque quiera, ya que sus pensamientos son egoístas y éstos lo atrapan muy comúnmente, ocasionando que su mente quede bloqueada con la atención dedicada a las cosas materiales, no permitiéndole tampoco tener una buena recepción del plano astral.

En un remoto futuro, probablemente, el hombre evolucionará, y removerá ese bloqueo de su mente, logrando, con un gran esfuerzo, despejar el camino de oscuridad, venciendo la inercia que resulta de las edades inactivas. Ocasionalmente, suele suceder que por algún accidente físico o por tener ritos ilegítimos, el paso a un plano superior no se cierre y el hombre quede en una terrible situación de suspensión entre dos planos (el físico y el astral). Algunas personas son capaces de resistir los peligros de ese túnel entre planos cuando hacen el bien sin tener ningún interés personal, y así logran buenas posibilidades de éxito.

Aquí se deriva otra forma que los Ángeles utilizan par brindarnos su ayuda, por ejemplo, ya sabemos que dan alivio a las enfermedades y consuelo a las tristezas, ésta es una labor muy sencilla para ellos, pero podemos estar convencidos del auxilio que nos prestan en el plano astral, cuando, simplemente, al acostarnos a dormir llevamos un problema en nuestra mente y nos preocupa en demasía, pedimos ayuda a Dios para resolverlo y sin que nos demos siquiera cuenta ésta nos llega mediante el sueño, el cual es el conducto que los Ángeles utilizan para dar su consejo y entonces nosotros veamos la manera de cómo resolver nuestra aflicción, esa es la vía de conexión que tenemos con los Ángeles en el plano astral.

También son fuente de inspiración de artistas, por medio de los sueños, poetas, músicos, escritores, escultores, etc., muchas veces ni siquiera se dan cuenta de dónde procede su inspiración, pero al Ángel no le interesa ser reconocido como el creador de ella, ya que no le importa aparecer como el creador de tales dones sino como un mensajero de amor.

Sabemos ahora que es mediante el sueño donde los Ángeles nos dan su auxilio, pero también, con mucha frecuencia, nos ayudan a olvidar ciertas rencillas que tengamos con nuestros semejantes y sobre todo si se trata de graves problemas los cuales nos ocasionan algún tipo de malestar, ya sea de inconformidad con nosotros mismos o hasta sentirnos incomprendidos por los demás, con este tipo de ayuda se conseguirá no sólo olvidar las causas de este rencor, sino obtener la reconciliación con las personas involucradas.

Capítulo 12

Ángeles

Sabemos ahora que el contacto con los Ángeles lo podemos lograr tanto interior como exteriormente y que éste no tienen más propósito que ayudarnos, todo esto en la medida que nos encontremos en el plano correcto para obtener su auxilio y se pueda realizar sin complicaciones. Para esto será necesario hacer cambios en nuestra vida.

A continuación presentamos algunas de las diferentes categorías angelicales que existen, ya que sería imposible tratar de enumerar en este pequeño volumen toda la gama existente.

Ángel de belleza

La ayuda que este Ángel nos presta, nos permite la capacidad de poder admirar la belleza de todo lo que nos rodea, desde un cielo estrellado, el Sol que irradia calor y luz, el aire puro que respiramos, etc., todo esto nos dará como resultado que seamos mucho más nobles en nuestros actos.

Ángel de comunicación

Tener una excelente comunicación con nuestro prójimo podría pensarse que es difícil, pero no es así, basta que recurramos a este Ángel y pidamos su ayuda para lograrlo, veremos que es tan simple como el que sólo necesitamos expresar una sonrisa, un gesto, una palabra amable, para que se inicie la conexión adecuada de la comunicación perfecta con los demás.

Ángel de gratitud

Demasiado importante es poder comprender lo esencial que es en nuestra vida tener la humildad necesaria para poder dar las gracias en cualquier situación que nos encontremos o que se requiera darlas. Principalmente en el hecho tan simple, pero tan grande e importante, como el dar gracias a Dios por tener un nuevo día al alcance de nosotros, recurramos al Ángel de la gratitud para poder lograr tener esta cercanía con Dios y manifestarle lo agradecidos que estamos por todo lo que a diario nos proporciona.

Ángel de paz

La paz se consigue primeramente con nuestro yo interno, el cual debe estar conectado con este Ángel para que, con su ayuda, podamos lograrlo. Ya estando en paz con nosotros mismos, conseguiremos estar en paz con todo lo que nos rodea, esta es una comprensión que está más allá de lo humano; precisamente necesitamos la ayuda de este Ángel para poder tener la paz, el amor y la armonía, con esto nuestra vida será más resplandeciente.

Ángel de perdón

Esto es parecido con la paz, necesitamos comprender primeramente que tenemos que perdonarnos a nosotros mismos para después tener la capacidad de perdonar a los demás, lo lograremos, claro está, con la ayuda del Ángel de perdón, cuando tengamos este sentimiento al alcance de nuestras manos veremos cómo una sensación de libertad nos invadirá y lo hermoso de este sentimiento. También sabemos que el mayor poder de curación se encuentra precisamente en el perdón.

Ángel de amor

Debemos conseguir que el amor invada todo nuestro ser, de esta manera tendremos la capacidad de poder brindar a las demás personas lo mismo. Dios nos hace mención por medio de su Ángel, el amar a nuestro prójimo como a nosotros mismos.

Ángel de nacimiento

Tenemos la completa seguridad de que el Ángel se encuentra cerca de cada nacimiento, ya sea humano, animal, o de cualquier índole; sea éste, por ejemplo, de nacer a una vida diferente a la que llevábamos anteriormente, y este Ángel está ahí precisamente para ayudarnos en esa labor tan delicada pero importante.

Ángel de verdad

Todo lo que existe y sea real pertenece a la verdad. Por ejemplo, dos personas pueden presenciar un acontecimiento, y cada una lo va a interpretar a su manera y desde su punto de vista; esto para esas dos personas va a ser su verdad.

De hecho, todo esto no es otra cosa más que la energía divina que transita por nosotros y mientras dejemos fluir esa energía, la verdad estará manifestándose con mayor frecuencia en nuestras vidas.

Ángel de entusiasmo

No es otra cosa más que la inspiración proveniente de Dios para que siempre contemos con la certeza de que nuestro camino estará lleno de acontecimientos importantes e interesantes, y lo que nos dará las ganas necesarias para realizar actividades con ímpetu y amor, seguros de que en nuestras vidas siempre contaremos con la ayuda que nos brinda Dios por medio de su energía.

Capítulo 13

Los Ángeles
ante las catástrofes

En algunas ocasiones, los Ángeles han podido evitar inminentes y terribles catástrofes, por ejemplo, en un buque fuera de rumbo por una corriente desconocida, y que está expuesto al peligro absoluto, es posible prevenir el naufragio mediante sugerencias reiteradas del posible siniestro; por lo general este presentimiento surge en el cerebro del capitán como una fuerte intuición, pero si ésta permanece constantemente, es casi seguro que le hará caso, tomando las precauciones necesarias.

Existen las catástrofes de naturaleza kármica, las cuales son imposibles de evitar, aunque no debe suponerse que en estos casos los Ángeles no presten alguna ayuda, más bien es porque la gente que se encuentra en este tipo de catástrofes está destinada a morir, aún así los Ángeles están ahí para prestarles ayuda después del trance. También queda de manifiesto que las personas damnificadas recibirán protección especial.

Si alguna vez nos encontramos en un peligro inminente e inevitable, recordemos que la ayuda de los Ángeles está cerca, y que sólo depende de nosotros que ésta sea fácil o difícil. Debemos enfrentar con valor el peligro, seguros de que no puede afectar a nuestro verdadero yo, tenemos que abrir nuestra mente a la inspiración que los Ángeles nos infunden. Es lo que podemos hacer si ellos tratan de salvarnos; o cuando, al no poder evitarlo, nos llevan de la mano a través de la puerta que separa la vida de la muerte.

La protección que dan los Ángeles en estos casos es tanto individual como colectiva, el Ángel tiene la capacidad de poder ayudar a muchas personas a la vez, ya sea por salvar su vida o para poderlos guiar (cuando sea inevitable) en la muerte, pero de una manera serena y tranquila.

Es muy importante entender aquellos casos cuando sucede una catástrofe natural, como es el hecho de un terremoto, donde vemos que son pocas las personas que llegan a salvar su vida, inmediatamente mencionamos, "fue un milagro", esto no es más que la oportuna intervención de los Ángeles a estas personas las cuales por alguna razón todavía no estaban en tiempo de morir ni de estar frente a Dios.

Capítulo 14

La muerte

Las absurdas doctrinas sobre las condiciones que tenemos posteriores a la muerte predominan en el mundo. Se piensa que al dejar el cuerpo físico, los muertos quedan confusos y consternados al verse en un estado diferente al que decían sus doctrinas religiosas, preguntándose y contestándose ¿estoy muerto?, ¿dónde estoy?, porque si estoy muerto y esto es el cielo, no es tan hermoso, y si es el infierno, es mejor de lo que imaginaba.

Por desgracia, gran parte de las personas tienen ideas filosóficas poco sustentables. Se les ha enseñado que casi toda la gente, al morir, si no ha sido buena, estará destinada al fuego eterno; pero como si fuera un examen de conciencia se les convence de que no pertenecen a esta categoría, ocasionándoles un pánico que les invade paulatinamente, temiendo que los lancen a las garras del demonio en cualquier instante, cuya existencia se les enseñó a creer.

En otros casos, tienen periodos de torturas mentales antes de poderse liberar de la doctrina equivocada que conocen de las penas eternas, y también deben convencerse de que el mundo no está sujeto a un temible demonio, el cual se burla de las desgracias humanas, sino que está gobernado por la benévola y paciente ley de la evolución, que si bien es justa, a su vez ofrece coyunturas de progreso con el objeto de que las aprovechen en cualquier etapa de la vida.

Por último, sabemos que la doctrina de que exista una criatura desagradable que sólo se dedica a extraviar a la humanidad y procrearle problemas y sufrimientos, aunado a la falta de amor y comprensión que tiene el humano por su prójimo y la vaga pero clara proyección de una situación en donde los seres humanos nos olvidamos de la existencia de Dios, haciendo con esto que nuestra alma se vuelva cada vez mas fría en relación a él, es obra exclusiva de aquellas religiones que tienen como finalidad extraviar a la humanidad con ideas protestantes.

Oraciones a los Ángeles

Oración al Arcángel Miguel

Amado Arcángel Miguel,

te amo, te bendigo y te doy las gracias

por tu gran servicio hacia mí y hacia toda la humanidad de tantos siglos.

Envía tus Ángeles de protección para que me envuelvan a mí y a mis seres queridos, así como a todos los seres constructivos que hay sobre la Tierra.

Libéranos de los pensamientos y sentimientos que no se ajustan al concepto inmaculado de Dios para nosotros.

Te doy gracias.

Oración al Arcángel Gabriel

Amado Gabriel,

te amo, te bendigo y te doy las gracias

por lo que tú significas para mí y toda la humanidad.

Carga estos mis decretos con tu enorme capacidad de amar,

yo sé que tú eres la resurrección y la vida de todo el bien que existe en mi corriente divina.

Yo sé que tú eres la resurrección y la vida de mi eterna juventud y belleza, perfecta vista y oído, fuerza ilimitada, energía y salud.

Yo sé que tú eres la resurrección y la vida de mi provisión ilimitada de dinero y de toda cosa buena y perfecta.

Yo sé que tú eres la resurrección y la vida de toda perfección en mi mundo, y mi plan divino en cumplimiento ahora mismo.

Oración al Arcángel Chamuel

Amado Chamuel, te amo, te bendigo

*y te doy las gracias por tu bendita asistencia hacia
mí y a toda la humanidad,*

enciende y nutre la llama de la adoración,

*a través de todas las células de mi cuerpo y haz que
se expanda la perfección hasta que llene todo mi
ser y mundo.*

Enciende la llama de la adoración a través

de mis sentimientos para que se expanda

el amor divino en mí,

*hasta que se haga contagioso a toda la vida que yo
contacte, manteniéndome sellado en un pilar de
llama de color de rosa que significa*

Amor, Adoración, Prosperidad y Perfección.

Índice

I   II   III   IV   V   VI   VII   VIII   IX   X   XI   XII   96   97   98   99   **2005**

La impresión de la obra se realizó en los talleres de: Servicios Litográficos Ultrasol, S.A. de C.V. Fiscales 43 Col. Sifón C.P. 09400 México, D.F. 633-5653

1   1.5   2   3   4   5   6   7   8   9   10   11   12   15   20   25   30   50